nano-sonett

Dirk Schindelbeck

IMPRESSUM

Diese Schrift wird in der Nationalbibliographie
Das Schweizer Buch und im Katalog *Helveticat*
der Schweizerischen Nationalbibliothek aufgeführt.
Information der Deutschen Nationalbibliothek:
Die Deutsche Nationalbibliothek verzeichnet diese Publikation
in der Deutschen Nationalbibliographie. Detaillierte Angaben
sind im Internet über die Adresse http://dnb.d-nb.de abrufbar.

Illustration und Layout: Bernhold Baumgartner
Lektorat: Jürgen Gutsch
Druck: Memminger MedienCentrum Druckerei und Verlags-AG

Bezugsmöglichkeiten
beim Autor Email: Dirk.Schindelbeck@t-online.de
Im stationären Buchhandel auf Bestellung.
Im Internet über Amazon.de, Booklooker.de
und weiteren Plattformen.
Direkt bei
EDITION SIGNAThUR mit Antiquariat Bodanbooks
Lehmwiesen 2
CH 8582 Dozwil TG
Telefon: +41 71411 00 91
Email: edition.signathur@gmx.ch / bodanbooks@yahoo.de
Preis: 18,00 CHF oder 18,00 EUR
Vollständiger Titel: nano-sonett.
                    verrückt - gedrückt. knapp und keck

ISBN 978-3-906273-73-0

nano-sonett

verrückt - gedrückt
knapp und keck

Dirk Schindelbeck

EDITION SIGNAThUR

Geleitwort

(von Jürgen Gutsch)

Dirk Schindelbecks Nano-Sonette (= Zwergsonette) sind nicht zufällig entstanden, sondern als Folge einer lebenslangen Beschäftigung mit dem Gedicht-Typ „Sonett", dessen Vorschriftspoetik stets sowohl zur leidenschaftlichen Nachahmung als auch zur brüsken Gegnerschaft geführt hat. Es empfiehlt sich darum ein Blick auf die Entstehung und Geschichte dieser Form. Die Nano-Sonette lassen sich dann besser verstehen in der Sonett-Geschichte. Sie sind kreative Arbeiten aus dem Geist der hochgeregelten Sonett-Poetik.

Die Gedichtform Sonett ist seit ihrer Erfindung zu Beginn des 13. Jahrhunderts in der süditalienischen Dichterschule Friedrichs II., des letzten bedeutenden Staufers auf dem deutschen Kaiserthron, eine große Besonderheit. Dass Friedrich überhaupt eine solche Dichterschule unter seinen höheren Regierungsbeamten unterhielt, zeigt eine kultivierte, geradezu sportliche Vielseitigkeit, die nicht nur Friedrichs allgemeine Bedeutung festigte, sondern auch auf praktisch allen Gebieten der Kulturgeschichte Bedeutendes zuwege brachte. Man denke an die von ihm verfasste Schrift über die Jagd mit Falken oder an seine architektonischen Fantasien, die er wie der bayrische Ludwig II. in Auftrag gab, etwa das bis heute rätselhafte Castel del Monte, das Schauplatz des Films „Der Name der Rose" war. Friedrich gründete gar eine Universität, die von Neapel. Er war, so darf man vielleicht sagen, ein früher erster Augenaufschlag der italienischen Renaissance und hat damit gerade auch in der frühen Moderne ein großes Echo ausgelöst. Man denke an die umfangreiche Biographie „Kaiser Friedrich der Zweite" von Ernst Kantorowicz aus dem Jahr 1927.

Keine der im 13. Jhdt. schon bestehenden lyrischen Formen und auch keine unter denen, die bis in unsere Tage noch folgen sollten, hat jemals und bis auf den heutigen Tag solche Begeisterung unter den Dichtern Europas entfacht – und solche Ablehnung. In Friedrichs Dichterschule gab es einen gewissen Giacomo da Lentini, den manche für den Erfinder des Sonetts halten. Nachweisen lässt sich das natürlich nicht. Jedenfalls entstand hier und in seinem Beisein die Form: 14 Verse zu je elf Silben (der Undecasillabo, der Elfsilbler) mit auftaktigem Beginn, also eine jambische Form, und diese 14 Verse nun in einer festen Strophenanordnung: zuerst zwei Quartette, dann zwei Terzette. Natürlich waren auch die Endreime festgelegt: zweimal „abba" in den beiden Quartetten und zweimal „cde" in den beiden Terzetten; die zweisilbige („weibliche") Kadenz war die Regel, einsilbige („männliche") Kadenzen treten im Italienischen seltener auf. (Im Englischen ist es gerade umgekehrt, im Deutschen hält es sich die Waage.) Und schließlich, da wurde es allerdings etwas schwierig, die Rhetorik: Eine deutliche Zäsur musste beim Wechsel von den beiden Vierzeilern zu den beiden Dreizeilern hörbar werden. Damit war nun das Sonett, das kleine Tongedicht, definiert. Dass Details an dieser Vorschrift bald variiert wurden, setzt nur andere Verpflichtungen an die Stelle der ursprünglichen, ändert also nichts am Vorschriftscharakter, der gleichwohl spielerische Kreativität ermöglicht.

Dirk Schindelbeck ist ein intimer Kenner dieser Gedichtform, ganz sicher einer der besten in der deutschsprachigen Welt. Nicht nur wurde er mit einer Arbeit zum modernen Sonett promoviert, er hat auch ein wunderbares Buch über das Sonettieren geschrieben. Es enthält nicht nur eine gediegene Einführung zum historischen Begriff Sonett in Deutschland, sondern liefert auch 87 eigene präzis gebaute Sonette des italienischen Urtyps zu den unterschiedlichsten Themen unserer Welt der Waren, Märkte, Errungenschaften, Träume, Zweideutigkeiten und Sehnsüchte, ein überdies wunderschön bebildertes Buch, kurz ein Buch von bunter Fülle, in dem das Sonett außerhalb der Academia praktiziert wird. *

Vermutlich ist es in der weiteren Geschichte der Form die vielfältige Eignung neben dem deutlichen Vorschriftscharakter des Sonetts, die bestimmte Verwender motivierten, auch Parodien aller Art darauf zu wagen. Verglichen mit den heutigen Verwendungsmöglichkeiten war allerdings in der ersten Zeit bis zum Beginn des Barock die thematische Bindung an den Minnesang maßgebend, und es ereignete sich eine pandemische Verbreitung des Sonetts in den mittel- und westeuropäischen Sprachen, zunächst in der Art des Francesco Petrarca, der programmatisch einen „Dolce stil nuovo" im Anschluss an den Minnesang verkündete (wie vor ihm schon Dante). Dies dauerte bis ins frühe 17. Jhdt. Und blieb dann nur als Form erhalten, die nun auch anderen Inhalt erlebte, etwa schon bei Shakespeare (der mit seinen

---

* Dirk Schindelbeck [Text] und Alexander Rosner [Bilder]: Tropfenfänger & kreisende Kolben. Deutsche Marken-Sonette 2.0.15 – mit einer Beilage „sollbruchstelle große wortmaschine" Freiburg i.Br. 2015, ISBN 3-935737-64-7.

Sonetten scharfen Einspruch gegen den Petrarkismus erhob), oder bei Louise Labé, die die Sprecherrolle usurpierte, oder im Werk des Andreas Gryphius, der die bedrohlichen Zeitumstände beklagte und den französischen Alexandriner statt des Pentameters verwendete, schließlich auch bei Giuseppe Gioacchino Belli aus Rom, der inhaltlich ganz neue Wege ging.

Die englischen Sonettisten erlaubten sich auch eine deutlich sichtbare Formänderung: drei Quartetten folgte ein aphorismusartiges Couplet in zwei Versen. Nun gibt es meist auch sieben Reimpaare (nicht nur fünf), also abab cdcd efef gg.

Als aber der deutsche Gelehrte Johann Joachim Eschenburg 1787 zum ersten Mal deutlich auf die 154 Sonette Shakespeares von 1609 hinwies, eröffnete er seinen Aufsatz nicht mit hymnischem Lobpreis, sondern mit folgenden Worten:

Das Sonet war ohne Zweifel die Erfindung irgendeines literarischen Prokrustes.

Und er erläuterte das in einer Fußnote so:

Das ist Folterers. Einer von den Söhnen Neptuns erhielt, der Fabel nach, diesen Namen, weil er alle Fremdlinge, die zu ihm kamen, in ein Bette legte, welches sie gerade ausfüllen mußten. Waren sie zu lang, so hieb er ihnen Füsse oder Beine ab; und waren sie zu kurz, so dehnte er ihre Glieder gewaltsam aus.

Eschenburg zitiert damit auch den irischen Shakespeare-Herausgeber Edmund Malone, von dem auch die kuriose Bemerkung überliefert ist, das Lesepublikum könne selbst durch einen einstimmigen Parlamentsbeschluss nicht dazu gezwungen werden, die Sonette Shakespeares zu lesen. Und dabei sind beide, Malone und Eschenburg, äußerst angetan von Shakespeares Dramen. Die Ablehnung traf nur die Sonette.

Im Reigen der Sonett-Kritiker sei auch auf Goethes jugendlichen Vorbehalt gegenüber dem Sonett hingewiesen, womit er sich vom Mainstream seiner Zeit nicht unterschied. So kam er erst in reiferen Jahren zu eigenen Sonetten, aus denen wohl wenigstens ein Zitat aus zwei Terzetten in unserer kollektiven Erinnerung geblieben ist:

So ists mit aller Bildung auch beschaffen:
Vergebens werden ungebundne Geister
Nach der Vollendung reiner Höhe streben.

Wer Großes will, muß sich zusammenraffen;
In der Beschränkung zeigt sich erst der Meister,
Und das Gesetz nur kann uns Freiheit geben.

Der spanische Dichter Lope de Vega gehört zu denen, die sich sogar in So-
nettform mit dem Sonett auseinandersetzten:

«KOMM, MACH MIR EIN SONETT!» befahl Jolanthe;
drauf zwängte ich mich stöhnend ins Korsett.
Von langen vierzehn Zeilen fürs Sonett
warn drei schon weg, bevor ich mich ermannte.
Mir fehlte noch ein Reim fürs Konsonante,
da war schon halb geschrieben dies Quartett.
Am Horizont erschien mir das Terzett
nach der Zäsur, so dass ich mich entspannte.
Schon bin ich dort behände angekommen
(hab alles, scheint mir, fachgerecht gemacht) –
und diese Hürde ist im Nu genommen!
Kaum hab ich an das Schlussterzett gedacht,
ist Zeile dreizehn schon geschwind erklommen.
Zähl nach: Die vierzehn Zeilen sind vollbracht!
(deutsch von Michael Mertes)

Der Dichter hat nicht Jolanthes Reizen ein Sonett, wie erhofft, sondern dem
Sonett ein Sonett gemacht, da war Jolanthe nicht begeistert. Lope offenbart
damit das Grundproblem. In unseren Tagen wies Robert Gernhardt auch da-
rauf hin und verfasste eine satirische Anklageschrift – als Sonett gegen das
Sonett, jeder kennt das kleine Meisterwerk mit der ersten Zeile „Sonette
find ich so was von beschissen". Ansonsten wird seit der frühen Moderne
eifrig vom Sonett Gebrauch gemacht, man denke an Rilkes Sonette an
Orpheus (1922) oder an Albrecht Haushofers Moabiter Sonette (1946).

Wenn wir nun die Nano-Sonette Dirk Schindelbecks lesen, so erkennen wir
immer den Dialog mit der alten Form. Schindelbeck nagelt das Sonett bei
seiner eigenen Formvorschrift fest. Die Nano-Sonette verlassen die ge-
wohnte lyrische Rhetorik, unterwerfen sich kompromisslos dem Reim, und
der redselige Pentameter wird verabschiedet. Der altbewährte Undecasil-
labo weicht klaglos kurzen und kürzesten Versen. Schindelbeck nimmt

Goethes „Beschränkung" wort-wörtlich und kürzt bis auf den semantischen
Ariadne-Faden.

Es saßen
drei Schweizer
(mit Schneuzer)
im Straßen-

kreuzer
und aßen
(nein: fraßen)
Greyerzer. –

Dem feiern-
den Schlemmen
folgt Qual

(... und Reiern
ins Emmen-
tal).

Das ist meisterhaft!

Inhalt

Männer-Welten sehr speziell (1 – 6)

Ausschläge der Politik

Lichtgestalten der Kultur

Menschen wie du und ich

Hosianna dem Daus ...
(... mit bekannten Folgen)

„Ei, ei
der Daus –
tritt frei
heraus!"

Applaus
von Kai,
Amrei
und Klaus!

Was? Wieder
hinein
kehrt-marsch? –

„Krass! Nieder
Du Schwein,
Du Arsch!"

Zwei Männer bauen ein Kartenhaus

„Trau'
Dich,
Klaus! -
Stich'

mich
aus!
Bau's
Haus!" -

„Naa?
... hält
klamm ..." -

„Ahh,
fällt
z'amm!"

**Unvergessen die
Liebesnächte
im 2 CV (1970)**

Wie war
das schön
im Spar-
Citrön!

Dein Haar
im Fön …
Gestöhn?
Na klar!

Die Ente,
die offne …
Welch Beben!

Besoffne
Momente
für's Leben!

Des faulen Manfreds kurzer Ausflug

Seht:
Man-
fred
kann,

geht
ran,
steht,
dreht

dann –
kommt
prompt

müder
wieder
an.

**Was so ein echter
Pferdehändler ist ...**

„Dies Pferd
ist teuer"
(erklärt
sein Betreuer)

„und heuer
beschwert
auch die Mehrwert-
steuer -

... doch ich hab'
noch'n Gaul
(so zum Üben),

zwar faul,
aber ab-
geschrieben."

Kleinkindleid

Es schneit –
wie lind
verrinnt
die Zeit ...

Ein Kind.
Es schreit:
Sein Leid
beginnt –

gleich toll
wird toben
das Kindel

(ganz voll
bis oben
die Windel).

Schleiermeiers Eiertanz

Franz
Schleier-
meier
kann's

ganz:
freier
Eier-
tanz.

Dotter
kreisen
flotter,

preisen:
Schleier-
meier.

Dorettes Trink-Diät

Dorette
entdeckte
versteckte
Trans-Fette.

Anette
kam, schreckte
sie, neckte:
„Noisette …?"

Drauf checkte
Dorette
im Bette

korrekte
Krim-Sekte –
(: schmeckte).

Sörens To-do-Liste

(erstellt von seiner Ehefrau als
24-Stunden-Standard-Programm)

Sören!
Möhren
scheren!
Beeren

mehren!
Gören
lehren!
Kehren!

Mücken
töten!
(gründlich!)

Ficken!
Beten!
(stündlich).

Variante:
  Beten!
  Ficken!
  (stündlich).

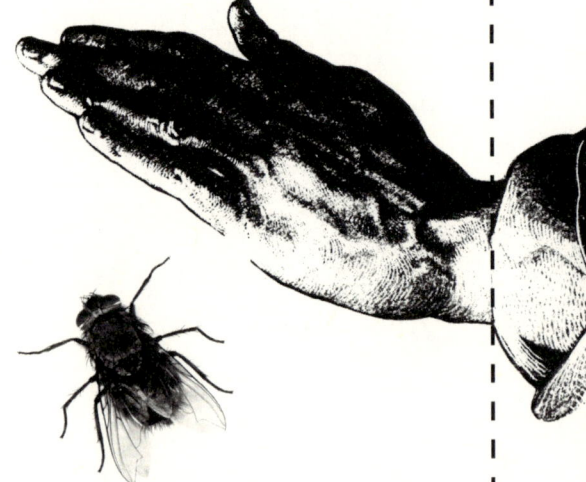

Flamingo-Nils

(Nils, die bekannte Drag-Queen, tritt gewöhnlich nur in
zwei High-Heels – an zwei Füßen eben – auf. Für Privatkun-
den gibt's aber auch Sonder-Vorstellungen „flamingo"
auf einem Bein.)

für Niklas Arnegger

Bei
Nils:
„My
Cry:

High
Heels -
zwei
Deals...

Ein
High
Heel:

Mein
Frei-
Stil!"

Modetrends rechtzeitig erkennen
- auch in Entenhausen

Leider
verpennte
die Eider-
ente

die Schneider-
talente
für Kleider-
akzente.

Der Ente-
rich
(not joking)

verpennte
sie nich' -
trägt Smoking.

Duett zweier Herzchen

Schorsch:

„Na Elke,
hast Schiss,
Du welke
Piss-

nelke?
Vergiss
den Riss
im Gebälke!

Marode
und morsch
ganz wie Du

ist jetzt Mode,
du Kuh!
Dein Schorsch."

Elke:

„Mich laust
der Affe:
Du traust
Dich, Laffe?

Gleich saust
die Karaffe,
die Faust
wird Waffe.

Du Macho-
Stinktier,
ich lache

und mache
Carpaccio
aus dir."

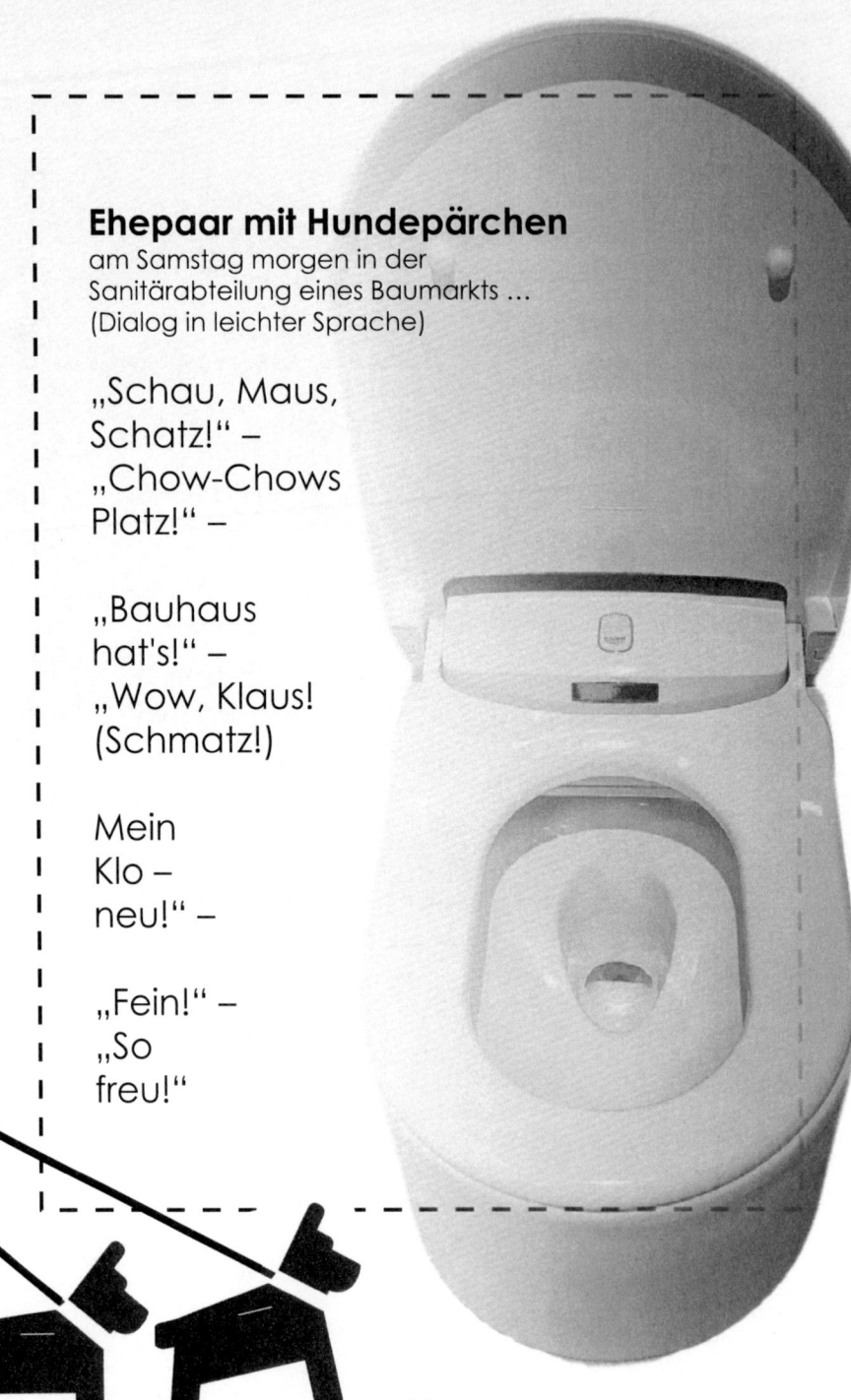

Ehepaar mit Hundepärchen

am Samstag morgen in der
Sanitärabteilung eines Baumarkts ...
(Dialog in leichter Sprache)

„Schau, Maus,
Schatz!" –
„Chow-Chows
Platz!" –

„Bauhaus
hat's!" –
„Wow, Klaus!
(Schmatz!)

Mein
Klo –
neu!" –

„Fein!" –
„So
freu!"

**Das Ehepaar Paul und
Paula Kaulquappe
im Live-Interview**
(er: einsilbig, sie: redselig)

Paul
Kaul-
quapp
gab

(schlapp)
maul-
faul
ab:

Paula
Quappe
(Rassel-

klappe)
quasselt
Pappe.

Szenen einer Ehe: Ingrid & Winfried

Neun Nano-Sonette berichten in nur 136 Silben aus der Sicht Ingrids von Stationen ihrer Ehe mit Winfried: von der ersten stürmischen Begegnung über eintretendes Unbehagen an seiner Erscheinung bis hin zu seinem plötzlichen Ableben. Dazwischen gute und schlechte Phasen: die erfolgreiche Bekämpfung seiner Alkohol- und Potenzprobleme, sein misslungener Fluchtversuch, die belastenden Wochen im Zeichen des defekten Gartengrills bis hin zu seinen dümmlichen Macho-Attitüden ...)

1

In-
grid
(Bri-
tin)

sieht
ihn:
Win-
fried!

Mann! –
Nett!! –
Reich!!!

Wann
Bett? –
Gleich!

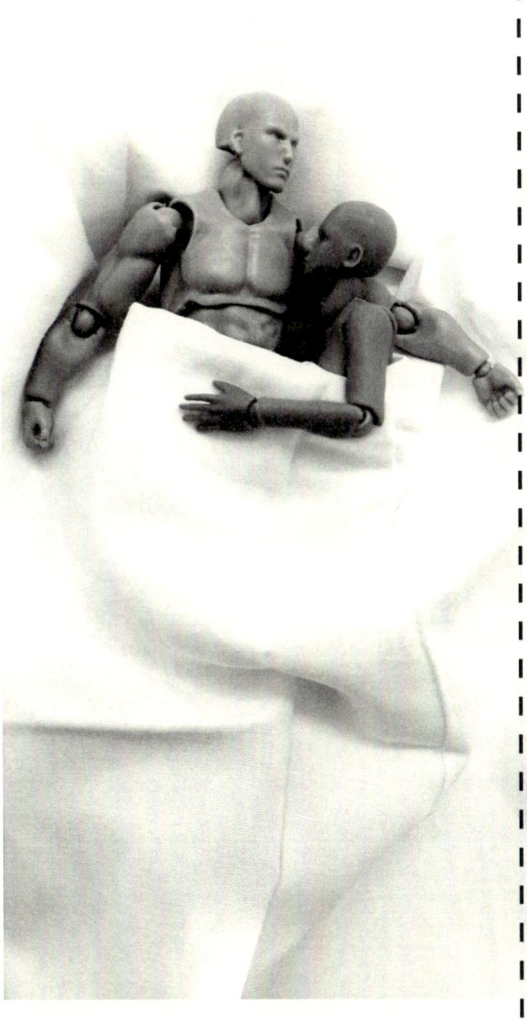

2

In-
grid
sieht
hin:

Win-
frieds
Kinn
flieht:

locker
über-
sehn?

Hocker:
drüber-
stehn!

3

In-
grid
sieht
hin:

Win-
fried:
wind-
schief?

Kick'
die
Wade,

rück'
sie
grade!

4

In-
grid
sieht
hin:

Win-
fried
mied
Gin:

fühlt
was
geht,

spielt
As-
ket.

5

In-
grid
sieht
hin:

Win-
frieds
Glied:
müd.

„Rat
nimm
an:

Im-
plan-
tat."

6

In-
grid
sieht:
Win-

fried
zieht
hin:
„Schiet!"

Schreibt
dann
wild... –

Mann
(mild)
bleibt.

7

In-
grid
sieht
hin:

Win-
fried
briet
drin!

(still
ge-
checkt):

Grill
de-
fekt!

8

In-
grid
briet
drin.

Win-
fried
sieht
Sinn:

„Haus-
frau-
Job!:

maus-
grau! –
Top!"

9

Win-
fried
schied
hin.

In-
grid
kniet:
Lied,

Psalm
dabei,
Qualm

auch:
„Au Weih!"
(-rauch).

zeitnah - zeitfern

Lecker aufs Land ...
(nach der beliebten Fernsehreihe
„Bäuerinnen aus Nord und Süd
bekochen Bäuerinnen aus Süd und Nord")

„Lecker
aufs Land!
Schlecker
bei'nand?

Gemecker
verbannt:
Trecker
erkannt? –

Schaut:
ganz
alt!"

„Lanz!"
(knallt
laut.)

Magerquark

(Wenn Dein verstorbener Schwager Dir ein großes Lager mit Magerquark hinterlässt, hast Du ein Problem. Lösung: die Werbetrommel rühren und gewaltige Käufermassen durch Annahme von Fremd- und sogar Altwährungen zu Hamsterkäufen motivieren ...)

Schwager:
Sarg.
„Mager-
quark!

Lager
stark!
Schlager! –
Mark,

Dollar,
Gulden
gebt!"

(Voller
Schulden
lebt!)

47

Mein Pitbull und ich
(Grund-Ausbildung, Lektion 1)

„Fritz!
Auf!
Lauf!
Blitz!

Flitz'!
Drauf!
Rauf'!
Sitz!

Hass!
Fass!
Beiß'!

(Nich'
mich –
Scheiß!)"

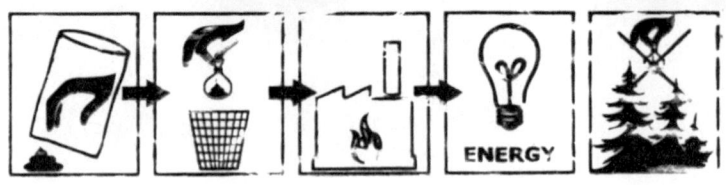

Blöd
Zeitung deckt auf!

„Knallrote
Lofoten-
Kojoten
bedrohten

mit Pfoten
devoten
Piloten
nach Noten.

Blassgelbe
Wölfe
(gleich zwölfe!)

taten
(missraten)
dasselbe."

Horror-Attacken

knallroter +
blassgelber
Bestien auf
wehrlosen
Piloten!

Schlaffe Ottern, kluge Schleichen

Die mattern
und plattern
Gevattern
der Nattern,

die Ottern,
verlottern
auf Schottern –
und schlottern!

Indessen
erreichen
und finden

ihr Fressen
die blinden
Schleichen.

Die neuen Besen der Brocken-Hexen

Zu sechsen
hocken
die Brocken-
hexen

bei Trocken-
keksen -
relaxen,
frohlocken:

„Schwestern!
Zum Pesen
leasen

seit gestern
wir Düsen-
besen!"

Bulette mit Schrippe
von der Kaltmamsell ...

„Zwei Alt,
sechs Hell",
die Kalt-
mamsell

bringt's, knallt
den Tell'
hin, lallt
noch schnell:

„Fette
Bulette
schon 'zahlt!?"

(Tippe,
die Schrippe
ist alt).

Was versteht man unter dem „ursus elasticus"?
(= die 1 Mio Euro Frage)

Ursus
elasticus
(Cursus
scholasticus)

Figur, Guss:
gymnasticus.
Statur: Plus!
(phantasticus!)

klar doch:
der
Gummi-Bär.

(War doch
ehr
leicht als schwer).

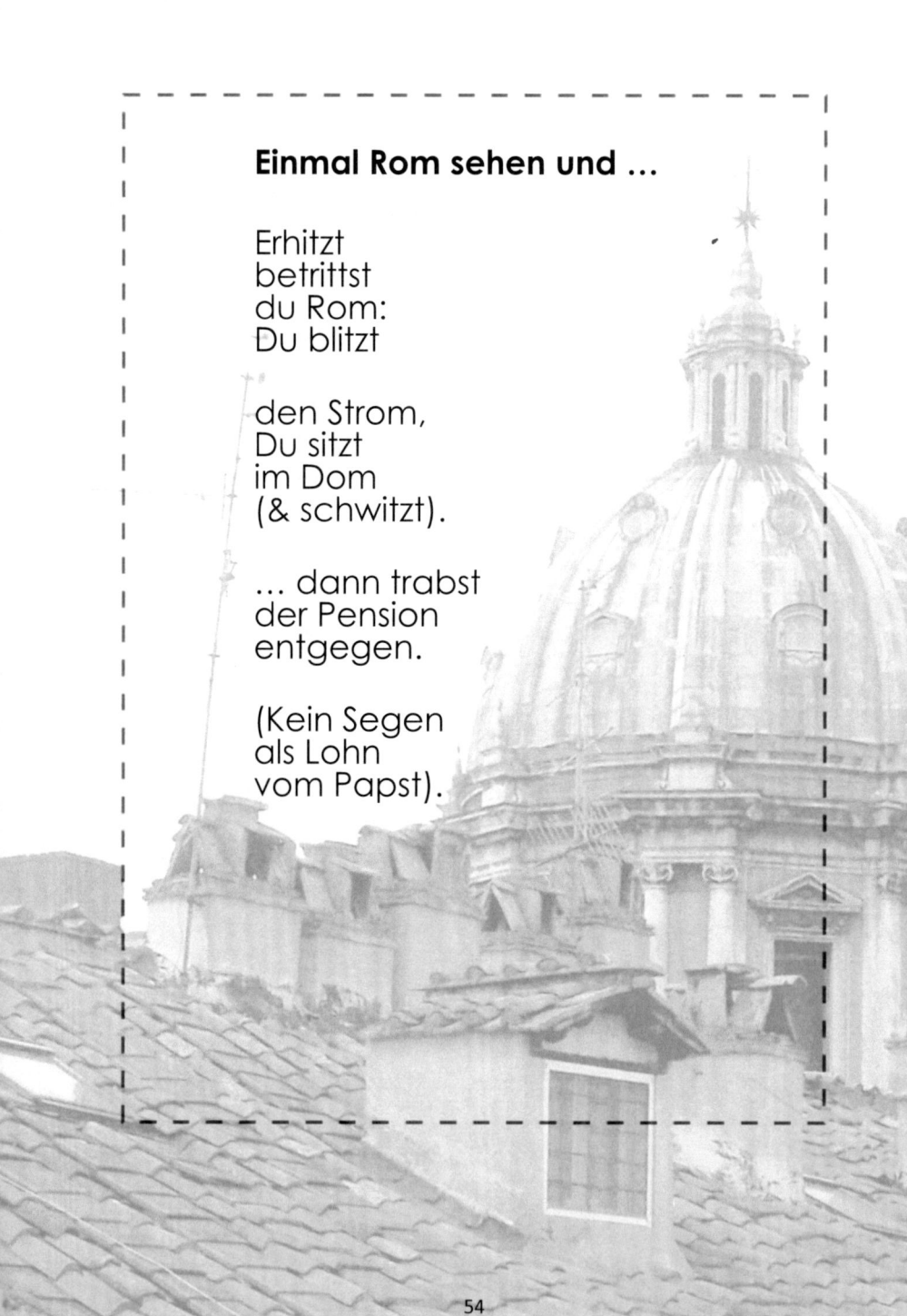

Einmal Rom sehen und ...

Erhitzt
betrittst
du Rom:
Du blitzt

den Strom,
Du sitzt
im Dom
(& schwitzt).

... dann trabst
der Pension
entgegen.

(Kein Segen
als Lohn
vom Papst).

Schweizer Banker beobachten aus ihrem Luxus-Hotel in Zermatt amüsiert den Abgang einer Geldlawine

(Kommentar: „Zusammenbrechende Privatanlagefonds sind für uns peanuts!")

Reiz-
fall
Schweiz:
All-

seits
schneit's
bereits:
Knall!

Geld-
lawine
rollt:

Gold-
kabine
hält.

Was sein Jugendtrainer
dem Franzl auf dem Platz zurief

(schon damals brillierte der Bub mit seiner Reimpassgenauigkeit)

für Andy Hoppe

„Becken-
bauer,
du Trauer-
stecken:

viel rauher
decken,
mehr Recken-
Power!

Genauer
die Ecken …
die Mauer
checken …

dann schlauer
vollstrecken!"

(trotz blauer
Flecken)

Trecker-Rebecca erfüllt den Plan

(LPG-Pastorale)

Auf! Dem Wecker
zieh' den Stecker!
Schnell, Rebecca,
fahr' den Trecker

in die Äcker,
wo schon kecker
wächst, was lecker
bald beim Bäcker

liegt als Schrippe ...
und dann kippe
noch geschwinder

Maisabfälle
in die Rinder-
offenställe.

DER SOZIALISMUS SIEGT

1. MAI 1956

~ FÜR FRIEDEN UND SOZIALISMUS ~
Jeder eine gute Tat für unsere
gemeinsame sozialistische Sache!

Aushang

(zur leidigen Krawatten-Frage
bei Arbeiten in Weinbergen
und Blumenrabatten)

Blind ver-
rohten
Winzer-
pfoten

sind ver-
boten
Windsor-
knoten!

In Ra-
batten
sind Kra-

watten
nicht
Pflicht!

Nikolaus und sein Knecht

kehren nach einer feuchtfröhlichen
Bescherung heim…

Sankt
Klaus
tankt
(o Graus),

schwankt
nach Haus,
wankt –
aus.

Ruprecht
zerfetzt
die Rute:

„Nicht schlecht –
bin jetzt
der Gute."

Männer-Welten
sehr speziell

1

Gut satte Schweizer

Saßen
drei Schweizer
(mit Schneuzer)
im Straßen-

kreuzer,
und aßen
(nein: fraßen)
Greyerzer –

Dem feiern-
den Schlemmen
folgt Qual

(… und Reiern
ins Emmen-
tal).

2

Entspannte Dänen
(= „Was ist Hygge?" Lektion 1)

Lehnen
zwei Hünen-
Dänen
an grünen

Dünen
auf Fünen,
erkühnen
sich, gähnen

(gemütlich).
Jetzt strecken
die Recken

sich, stöhnen,
um friedlich –
zu klönen.

3

Schwedische Möbelhändler
(aus internen IKEA-Meetings geleakt)

Reden
zwei Schweden
von Möbeln
für jeden

Blöden,
wo Böden
mit Hebeln
und Döbeln

äh, Dübeln
verbunden
werden

(... trotz Kübeln
von Kunden-
beschwerden).

4

Lautstark musizierende Finnen

Aus Launen
beginnen
drei Finnen
in Saunen

zu spinnen,
posaunen
von Sinnen –
wie staunen

die Fremden,
da, fluchen
und flehen,

suchen
die Hemden –
und gehen.

5

Aufklärerische Franken

Zwei Franken
verfassen
Gedanken
zu Klassen-

schranken
bei Kranken-
kassen
und Banken:

„Skandal! –
kein kleiner!"
(Fatal:

Die Thesen
gelesen
hat keiner.)

6

Hessen im Büßerhemd

(Profi-Hostessen kann nichts erschüttern)

Zwei Hessen
aus Gießen
beschließen
(vermessen!)

zu Füßen
von kessen
Hostessen
zu büßen –

Eleven,
die flüstern
(als Strafe!)

den Even
ihr lüstern-
es Ave.

Ausschläge der Politik

Adolf gibt bei Heinrich Knirr ein Portrait in Auftrag

K.: „Mein Führer,
befiehl!" -
A.: „Probier' er
subtil

im Dürer-
stil
cool, äh, kühl
mein Halb-Profil!" -

K.: „Mit Nasen-
falte,
mein Führer?

So malte
ja Dürer
den Hasen."

„Wohnen muss bezahlbar bleiben!"
(... aus der Brandrede unseres
Sozialausschuss-Vorsitzenden)

„Immobilien
für Familien
auf Sizilien
jetzt verbielien,

äh, verbilligen:
allen Willigen,
auch den Fülligen
sie bewieligen ...

Hei-
lands
Sack! –

Eil-
an-
track!"

Die ungleichen Brüder Adenauer

1 **Berliner Weise mit Schuss**
(Adenauer, Konrad)

Schlauer
grauer
Aden
auer

sah den
Mauer-
schaden:
sauer!

„Tür
knallt
Dir

zu!"
(Walt.
U.).

*

2 Ladenbauen im Wirtschaftswunder

(Adenauer, Meinrad)

Laden-
bauer
Aden
auer:

Frauen-
waden-
dauer-
schauer …

K: „Lux-
us-
streben!!!" –

M: „Fuchs
muss
leben."

Wahlkampf nach Pfälzer Art

„Heiter,
froh?" –
„G'scheiter
so!" –

„Zweiter?" –
„No!" –
„Weiter?" –
„Jooh!"

(Hel-
mut
Kohl)

Gell,
tut
wohl?

Aus aktuellem Anlass:
Direktschaltung zum internationalen
Wirtschaftsforum in Davos …

„Ka - ka
pi - pi
pi -
tal-

Ak- k- k- k-
klu - ku
mul - lul
ation!!!

Marx
het's
g'sait.

Der
isch
g'scheit!"

Ehelicher Wortverkehr
(Heinrich und Wilhelmine L., 1963)

„Heinrich,
jetzt hör!
(und wein' nich'
so sehr.)

Sei reinlich
(dies schwör!)
nie peinlich,
nie mehr!"

„Nein Wilhel-
mine.
S'sei Frieden!

Fine will well
I greeten
the Queene!"

**Honeckers Deal:
Großrundgestrick für alle!**

„Immer
pro!
Nimmer
roh!

So
simma!:
Mo-
lima!" –

„Erich,
hör! Ich
sag's mal so:

Großrundgestrick
(des Volkes Glück!)
heißt: Malimo!"

*

Lichtgestalten der Kultur

1
Der große Rechenmeister A. R.

*

„Miese!
O Scham!"
Adam
Riese

bekam
die Krise.
Madame
Riese:

„Dein Konto-
Korrent =
mein Skonto

am End …"
(… dieses
zu Rieses).

2
Die kleinen
Rechenmeister
(Grundschule, 4. Klasse)

Eins
minus
Eins
minus

Minus-
Eins
minus
Eins?" –

„Wissen,
Du Null, ist
Macht!" –

„Uh full Mist …"
(Kissen-
schlacht).

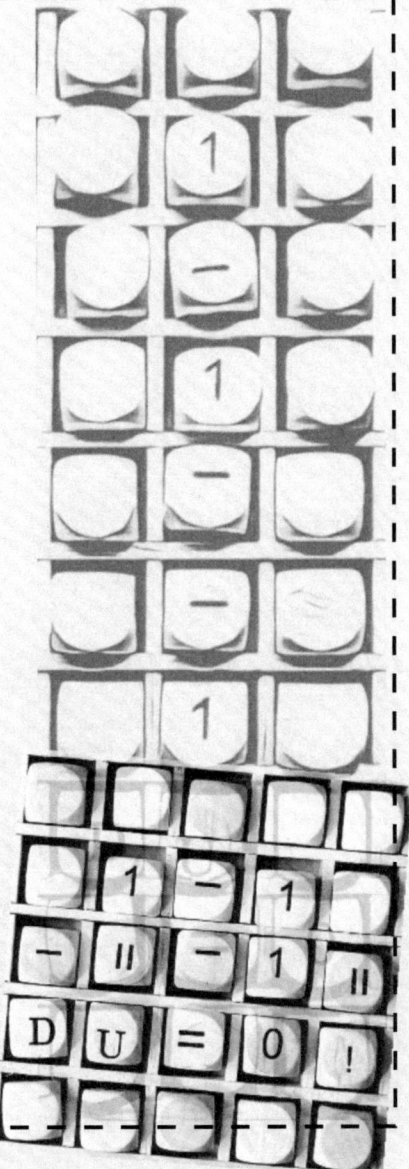

Kant und Hegel im Urlaub

(Immanuel Kant und Georg Wilhelm Friedrich Hegel erholen sich von der anstrengenden Arbeit des Philosophierens am Ostseestrand unweit von Königsberg. Während Kant nur infantil am Strand herumtollt und im Sand buddelt, drängt es Hegel nach Aktivität – womit der gemeinsame Urlaub jäh endet.)

Kant
übt,
liebt
Hand-

stand:
schiebt,
siebt
Sand.

Hegel
sieht
rot,

flieht ...
(Segel-
Boot).

Ist das Kunst oder kann das weg?

(Eine süße Bettschnecke, die in ihrem Bett
eine Fettecke vorfindet, ist darüber „not amused":
also abdecken, verstecken.
Der Künstler sieht das anders.)

„Glätt'
Säcke,
Bett-
schnecke!

Decke
Fett-
ecke
nett!"

J. Beuys:
„O Scheiß:
dies Bett

verhunzt
all mein Fett
umsunst!"

Susanna taucht weg

*

Susanne
im Bade
zeigt Wade
dem Manne ...
(bemerkt die Spanner)

hebt grade
die Kanne *(für sich)*:
„Ich lade
die Wanne

mit Wasser!" -
versinkt! Krass!
Wie stinkt das

den Alten -
sind ungehalten
(wie der Verfasser).

Petrarca im Parka, fensterlnd
(Doppelsonett vom Sonettieren)

Als weiland
Petrarca
es geil fand,
als starker

Beharker
der Steilwand
(im Parka)
das Seil fand

zu Laura
ins Bettchen
zu klettern,

Sonettchen
mit Aura
zu schmettern ...

da dröhnten
die Musen
und stöhnten
beim Schmusen ...

und föhnten
die Busen,
verwöhnten
mit Busen ...

ein Treiben,
das anhält
bis heute,
und Leute
zu schreiben
in Bann hält.

Bislang unveröffentlichte Buchtitel von Heinrich Böll und Thomas Bernhard *

(aus ihren geheimen Nachlass-Archiven)

Heinrich Böll: „Peinlich, Nell!" –

„Einstich schnell!" – „Mein Ich – hell!"

Thomas Bernhard: „Stromers

Sternbart" – „Omas Fernfahrt!"

Heinrich Böll

Der Zug ist pünktlich

Thomas Bernhard

Ein Sommermärchen

Wintergartenlektüre für Anfänger

Winter-
spaß
hinter
Glas:

„Las
Günter
Gras:
Spinnt der?" –

„Was
spinnst,
Proll?"

Grass
grinst:
„Toll!"

Knabenträume
von Geld und Sex
(Variationen
auf Charles Baudelaire
und Robert Gernhardt)

Die Blumen
des Bösen:
Nie Krumen
mehr lesen,

am boomen-
den Spesen-
volumen
genesen!

Die Blusen
des Böhmen:
Zum Schmusen

bequem den
Busen
entnehmen!

Heinrich Heines toxische Beziehung

„Du hast Diamanten und Perlen,
hast alles, was Menschenbegehr,
und hast die schönsten Augen –
und hast mich zu Grunde gerichtet –
Mein Liebchen, was willst du mehr?"

Heinrich Heine: Buch der Lieder, LXII, Hamburg 1827, S. 234

Freund
Heine
weint!
(Seine

Kleine
streunt …)
Feine
Steine,

Rubine,
Smaragde
packte

die Biene
und floh
(einfach so).

Mozart machts vor - CO_2 neutral mobil

So
spart
Mo-
zart:

Floh-
markt-
Go-
Kart!:

Sauber
tretend
ans Ziel -

zauber-
flötend
(mobil).

Martin Luther auf Butterfahrt
(mit Verkaufsveranstaltung
und Werbegeschenk)

Martin
Luther,
zart im
Futter,

spart in
Butter
(Fahrt im
Kutter),

denkt:
„Dat is
übel!",

schwenkt
Gratis-
Bibel.

Nervennahrung für die Romanschnellschreiberin

O Mutter
lauf schneller,
vom Keller
hol Futter,

Sanella
und Butter,
lass Utta
Danella

noch heute
s' Romänchen
beschließen,

dass Leute
in Tränchen
zerfließen ...

Im blauen Engel

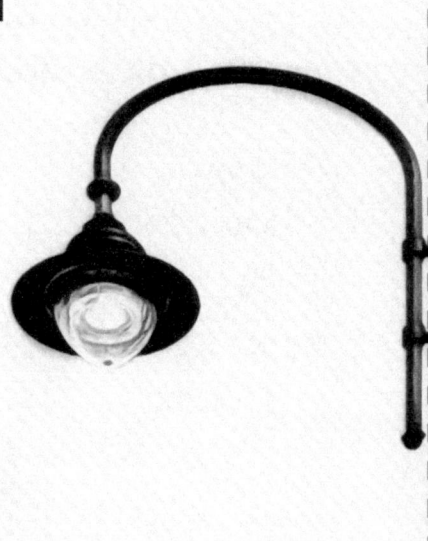

Marlene
Dietrich,
die schöne,
beriet sich –

entschied sich:
„Well, bene:
der kleene
Lidstrich!"

Jetzt perfekt
verwegen
dem Schweinchen

entgegen
gestreckt
das Beinchen!

**Stasi-Karteiakte
„Georg Christoph Lichtenberg"**

Sicht-
vermerk:
Licht
enberg

(Wicht,
fast Zwerg!)
Dicht
er-Werk:

gab
Witz
weiter.

Blitz-
ab-
leiter.

Brecht der Raser

*

Bert
Brecht
fährt
echt

schlecht,
röhrt,
blecht …,
lehrt:

„Lenk-Crash:
Mensch denkt,
Gott lenkt.

Denk-Trash:
Mensch denkt:
Gott lenkt."

Goethes Leben, immer wieder …
1 Undercover bei seiner Geliebten

(weitere Enthüllungen aus Goethes geheimem Liebesleben: Geldprobleme, uneheliches Kind, das zudem nicht nach dem Vater geraten ist etc.)

Goethe
(wild)
brüllt:
„Knete!"

Grete
(mild)
stillt:
„Bete!"

Johann
(klein):
„Amen!"

So kann
Samen
sein.

2 „Milch macht's!“

(Johann Wolfgang erklärt – etwas tapsig – seinem leiblichen Sohn August (1789 – 1830), wie er an Christianes Brust zu saugen habe …)

„Au-
gust,
schau
genau:

Frau
(= Brust
= Lust!):
Trau‘

Dich
Knilch!
(nachts

nich'!):
Milch
macht´s!“

3 Verlotte(r)t und geläutert

(„Warum gabst Du uns die tiefen Blicke …"
Goethe an Charlotte von Stein, 14. April 1776)

Flotten
Gelagen,
Kokotten
entsagen,

an Lotten
sich wagen,
nicht fragen,
nie spotten –

nur Seelen-
Schwingung
suchen:

Bedingung:
sich quälen
(still fluchen)!

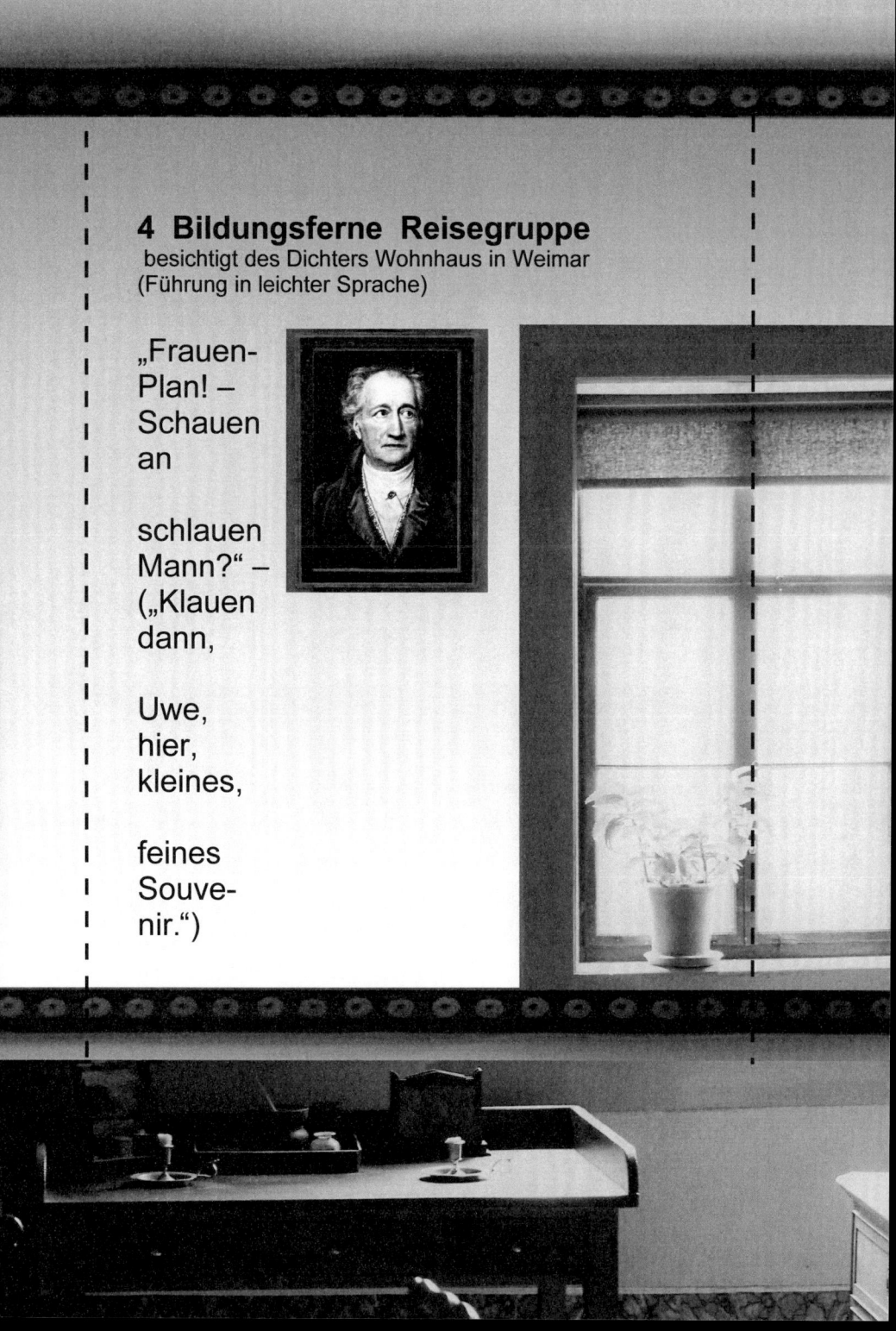

4 Bildungsferne Reisegruppe
besichtigt des Dichters Wohnhaus in Weimar
(Führung in leichter Sprache)

„Frauen-
Plan! –
Schauen
an

schlauen
Mann?" –
(„Klauen
dann,

Uwe,
hier,
kleines,

feines
Souve-
nir.")

mein Nano-Sonett

Die Bedienungsanleitung

Sie haben ein Buch erworben, das außergewöhnliche Möglichkeiten zur Verbreitung des neuen Sonett-Formats bietet. Sie können es verschenken, aber auch einzelne Seiten kopieren und colorieren, ausschneiden und als Postkarte verschicken oder auch Ihre ausgeschnittenen Lieblingsgedichte rahmen ...

Nachdem Sie sich nun auf die neue Form des Nano-Sonetts eingelassen haben, möchten wir Sie abschließend ermuntern, selbst aktiv zu werden, um eigene Texte zu verfassen, die Sie uns gerne zukommen lassen als Postkarte oder per Email. Sollten genügend qualitätvolle Gedichte zusammenkommen, werden diese als illustrierte Nano-Sonett-Anthologie veröffentlicht.

aufschreiben - ausschneiden - abschicken ...

mein Nano-Sonett

aufschreiben - ausschneiden - abschicken ...

oder per Mail an: Dirk.Schindelbeck@t-online

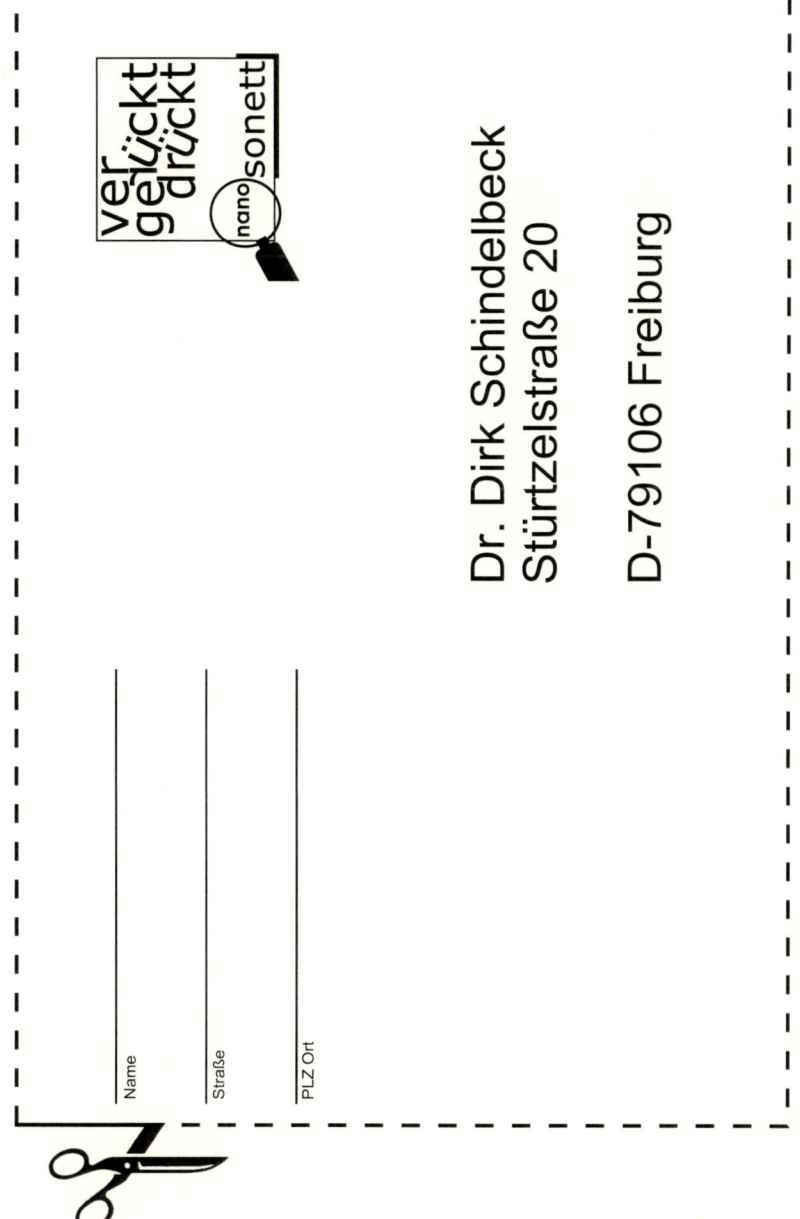

ver**rückt**
ge**druckt**

nanosonett

Dr. Dirk Schindelbeck
Stürtzelstraße 20

D-79106 Freiburg

Name

Straße

PLZ Ort

mein Nano-Sonett

aufschreiben - ausschneiden - abschicken ...

Anmerkungen zu den mit * versehenen Nano-Sonetten

Seite 46   Lecker aufs Land
Der Bulldog der Firma Lanz (1956 von John Deere übernommen) mit seinem gewaltigen bauchigen Auspuff und dem ohrenbetäubenden Lärm seines Einzylinder-Zweitakt-Glühkopfmotors revolutionierte ab 1923 die Landwirtschaft. Noch heute darf er auf keinem Traktor-Veteranen-Treffen fehlen.

Seite 52   Bulette mit Schrippe von der Kaltmamsell ...
Aschinger, ein 1892 gegründeter Gastronomiebetrieb in Berlin, wurde durch seine großen Stehbierhallen bekannt. „Zeitweise war Aschinger Europas größter Gastronomiebetrieb." (wikipedia). Beim Teller fehlt eine Ecke ...

Seite 57   Trecker-Rebecca erfüllt den Plan
Der „Rinderoffenstall" war eine Forderung des ZK der SED (1957), mit der die LPGs im Rahmen der sozialistischen Umgestaltung der Landwirtschaft angewiesen wurden, nach sowjetischem Muster materialsparende offene Stallungen zu errichten, um „die Steigerung der Erträge der tierischen Produktion und die weitere Verbesserung der Versorgung der Bevölkerung aus eigenem Aufkommen" zu erreichen. 1961 wurde eingeräumt, dass aufgrund der „Offenstallhaltung" täglich 720 Rinder gestorben waren.

Seite 70   Adolf gibt ein Portrait in Auftrag
Zitiert nach Adolf H.: „Die Tagebücher", hg. von K. Kujau, Gesprächsnotiz, betr. Kunstmaler Heinrich Knirr (1862-1944), 18. Juni 1940, Bd. 14, S. 424.

Seite 73   Ladenbauen im Wirtschaftswunder
Im Gegensatz zum spartanisch lebenden und sich für Deutschland (West) aufopfernden Konrad genoss sein völlig unbekannt

gebliebener Bruder Meinrad als erfolgreicher Ladenbauer sein Leben in vollen Zügen und schaute Hunderten von Frauen (nicht nur) auf die Beine. Vom als Fuchs geltenden Konrad zur Rede gestellt, gab er nur eine unverschämte Antwort.

Seite 73   Direktschaltung zum Wirtschaftsforum in Davos ... Nano-Sonett über ein schwerwiegendes sozioökonomisches Thema (ungereimt und umso ernster!). Der kleine Sprachfehler des renommierten Wirtschaftstheoretikers nimmt seiner profunden Analyse der nur noch als desolat zu bezeichnenden Verfassung unseres globalen Wirtschaftssystems nichts von ihrer Brisanz.

Seite 77   Honeckers Deal: Großrundgestrick für alle
Der auf dem Wege zur Demenz fortschreitende Erich H. bezeichnet bei einem fulminanten (von ihm selbst jedenfalls so empfundenen) öffentlichen Auftritt die bekannte DDR-Textilmarke „Malimo" als „Molima".
Der Markenname Malimo steht für ein textiles Fertigfabrikat, das seit den 1950er Jahren auf Grundlage eines von Heinrich Mauersberger entwickelten Nähwirkverfahrens mit drei Fadensystemen in der DDR hergestellt wurde (DDR-Patent Nr. 8194 unter dem Titel „Verfahren zur Herstellung von Kettenstichware" von 1949). Die Abkürzung Malimo ist ein Kunstwort, gebildet aus dem Namen des Erfinders MA-uersberger, dem Produktionsort in der DDR in LImbach-Oberfrohna und der Art des Gewebes MO-lton.

Seite 80   Der große Rechenmeister A.R.
Adam Ries (oft auch Adam Riese; * 1492 oder 1493 in Staffelstein, Fürstbistum Bamberg; † 30. März oder 2. April 1559 vermutlich in Annaberg oder Wiesa) war ein deutscher Rechenmeister. Bekannt wurde er durch sein Lehrbuch „Rechnung auff der Linihen und Federn [...]", das bis ins 17. Jahrhundert mindestens 120-mal aufgelegt wurde.

Seite 84   Susanna taucht weg

Jacopo Tintoretto: Susanna im Bade (1556)

Im Alten Testament (Buch Daniel) wird erzählt, wie Susanna beim Baden von zwei alten Lüstlingen bedrängt wird. Das Thema, ein Klassiker in der bildenden Kunst, hat nicht nur Tintoretto zum hier verwendeten Bild (1556) fasziniert, sondern auch Van Dyck, Rembrandt, Rubens, Lovis Corinth u. a. Man stelle sich vor – wie hier im Nano-Sonett –, dass sich Susanna den Blicken der Spanner entzieht, indem sie einfach in die Wanne abtaucht ...

Seite 85   Petrarca im Parka, fensterlnd

Francesco Petrarca (1304 – 1374) gilt als der Dichter, der dem Sonett in seinem berühmten Zyklus „Sonette an Madonna Laura" die klassische Prägung gegeben hat.

Seite 86   Unveröffentlichtes von Heinrich B. und Thomas B.

1   Unterdrückte polemische Streitschrift gegen Oswald Nell-Bräuning (1890 – 1991), den Begründer der katholischen Soziallehre.

2   Erschütterndes Selbstzeugnis aus Bölls dunklen Drogentagen.

3   Bölls einzige Auseinandersetzung mit der Astral-Leib-Theorie: ein Ego-Dokument der schonungslosen Art.

4   Für Bernhard ungewöhnlich sympathisch angelegtes Portrait des bekannten Wiener Stadtstreichers mit seinem unverwechselbar skurril abstehenden Bart.

5   Unveröffentlichtes Frühwerk einer absurden, fast ans Perverse grenzenden Road-Story.

Seite 92   Nervennahrung für die Romanschnellschreiberin

Utta Danella (1920 – 2015) verfasste nahezu fünfzig Romane, von denen dreißig auch verfilmt wurden.

Seite 94 Stasi-Karteiakte „G. Ch. Lichtenberg"
Georg Christoph Lichtenberg, der kleinwüchsige Göttinger Professor der Experimentalphysik (1742-1799), ist durch seine witzigen Aphorismen, niedergelegt in den sogenannten „Sudelbüchern", bekannt geworden. Er führte den Blitzableiter in Göttingen ein.

Seite 95 Brecht der Raser
Bei einem Werbereim-Preisausschreiben der Steyr-Automobilwerke hatte Bertolt Brecht 1926 den Hauptpreis, einen Steyr XII (30 PS, 85 km/h.) gewonnen. Als schlechter Autofahrer verursachte er damit am 20. Mai 1929 in der Nähe von Fulda einen Unfall. Kaum verletzt, aber sehr geschäftstüchtig, machte er daraus einen Werbecoup, indem er eine Bildergeschichte vom Unfallhergang in der Zeitschrift UHU lancierte. Darin wurde die Qualität des Wagens gepriesen – die Firma Steyr zeigte sich erkenntlich und schenkte ihm einen neuen Wagen.
„blecht" (Vers 7) im Sinne von: „verursacht einen Blechschaden".
Zitat aus Bertolt Brecht: Gesammelte Gedichte, Bd. 4, Frankfurt 1986, S. 1192 (Lieder aus Stücken: Mutter Courage, Szene 4).

Dichten auf einer Nadelspitze:
Zur Poetik des Nano-Sonetts

Man kennt es seit 800 Jahren: das Sonett. In Sizilien um 1230 erfunden, von Dante, Petrarca, Shakespeare, Góngora, Gryphius, Goethe, Keats usw. perfektioniert, von Baudelaire, Rimbaud, Rilke, Trakl und anderen in die Moderne getragen, bis in unsere Tage im Gebrauch und scheinbar für alle Zeit so festgefügt, dass es keine Reform aus seiner Gattungsidee zuzulassen scheint. Gepriesen als „die höchste aller Dichtungsformen" oder verteufelt als der „geschundene Zirkusgaul des Dilettanten" (Ernst Robert Curtius). Nun also neu im Gedicht-Regal: das Nano-Sonett, das man auch als Schrumpf- oder Minimal-Sonett bezeichnen könnte. Um den Unterschied gleich in aller Deutlichkeit herauszustellen, sei ein traditionelles Sonett gegen ein Nano-Sonett gehalten:

Die Kaffeefahrt

Wer günstig reist (wie ich) zur Wartburg, wo einst Luther
die Bibel teutschte, tut dies heut per Kaffeefahrt
im komfortablen Bus. Da wird an nichts gespart:
Im Preis sind inklusiv zehn Eier, ein Stück Butter.

So bildet man sich leicht und kommt noch gut in Futter.
Gemütlich kehrt man ein, wo schon der Gastwirt harrt
bei Schweinebraten, Klößen, Blumenkohl. „Sehr zart!"
ertönt ringsum das Lob manch dröger Schwiegermutter.

Im Nebenraum sodann erfolgt ein süßer Schreck:
Ist das nicht Gottfried Sülz? Er feiert sein Comeback
just hier, er singt für uns, macht die Gesichter strahlen,

empfiehlt auch, was ihm hilft: Ein Rheumadecken-Set
für dreizehnhundert Mark. Da wird auf seinem Bett
selbst Luther noch erlöst in diesem Set sich aalen.

(aus: Dirk Schindelbeck: Tropfenfänger & kreisende Kolben.
Deutsche Marken-Sonette 2.0.15, Freiburg 2015, S. 72)

(Fast) dasselbe Thema als Nano-Sonett:

Martin Luther auf Butterfahrt
(mit Verkaufsveranstaltung und Gratis-Zugabe)

Martin
Luther,
zart im
Futter,

spart in
Butter.
(Fahrt im
Kutter)

denkt:
„Dat is
übel!"

schwenkt
Gratis-
Bibel.

Bietet das traditionelle Sonett im Inneren seiner Verse genügend Raum, Gedankenarchitekturen sorgfältig anzulegen, zu verfolgen, Szenen und psychologische Schattierungen auszumalen, um den Gedankengang kontrolliert gesteigert in einer Schlusspointe münden zu lassen, kann das Nano-Sonett nur ein holzschnittartiges eher an ein Epigramm als an ein Sonett erinnerndes Gebilde sein. Auf die Anwesenheit eines lyrischen Ichs sowie heute gängiger lyrischer Mittel wie Metaphern muss es aufgrund seiner Kürze verzichten, was – wie im Beispiel oben – bei nicht einmal einem Viertel an eingesetztem Wortmaterial auch nicht verwundern kann. Umso stärker tritt dafür seine Neigung zur Satire und gern auch, was man als Nonsense-Poesie bezeichnet, hervor.

Nano-Sonette sind keine Herzensergießungen. Sie entstehen aus reiner Lust an der Sprache als kombinatorische Puzzlespiele. Dabei führen sie die Gattungsidee auf ihren Kern zurück: Reimgedichte par excellence zu sein und dabei zugleich deren innere Struktur - Zweiteiligkeit und Schlusspointe - zu bewahren. Ihr Anspruch ist, mit einem Minimum an Sprachzeichen ein Maximum an Sinndichte und Formkultur zu realisieren. Schließlich sind in ihm die Reime nicht wie im traditionellen Sonett bloße Erfüllungsgehilfen anderer Sinn- und Satzkonstruktionen, sondern treten als Hauptakteure der Handlung selbst ins Zentrum des Geschehens.

Freilich wird schon hier sehr deutlich: Nano-Sonette sind unübersetzbar, weil bei ihnen nicht das Geringste ausgetauscht werden kann. Um zu funktionieren, sind sie auf jede einzelne Silbe (selbst in ihren Beugungsformen) angewiesen. Und so macht hier nicht das Erlebnis, die Stimmung oder das Gefühl, sondern das intellektuelle Spiel mit der Sprache das Gedicht. Damit sind natürlich deutliche Verwandtschaftsbeziehungen zur Barocklyrik einerseits und zur Konkreten Poesie andererseits gegeben.

Erfahrungen beim Verfertigen
Gilt schon das traditionelle Sonett als „schwierig", so ist das Nano-Sonett dessen nicht mehr steigerungsfähige Variante im Hinblick auf den virtuosen Umgang mit Sprachmaterial – schon deshalb, weil sich's im Deutschen von Haus aus viel schwerer reimt als in romanischen Sprachen. Die große Herausforderung dabei besteht nun darin, dass die gesamte grammatisch-semantische Struktur des jeweiligen Gedichts von den Reimen und nur von ihnen geleistet werden muss. Es kommt hinzu, dass diese aus möglichst unterschiedlichen Wortarten stammen sollten, um in ein sinnstiftendes und zugleich reizvolles Wechselverhältnis treten zu können. Parallelkonstruktionen nach dem Muster „bringen / singen / klingen / Dingen" sind ungeeignet, da sie weder korrekte Sätze ergeben können noch Möglichkeiten zum Spannungsaufbau bieten. Eine dichte und enge Beziehung zwischen den Reimwörtern als Sinn-Akteuren tritt erst dann ein, wenn eine konjugierte Verb-Form sich gut und schlüssig mit einer Nominalform (evtl. in verschiedenen Deklinationsformen) und noch dazu mit Adverbien reimt.

Nano-Sonette leben davon, dass sie sehr seltene Fälle eines Gelingens darstellen. Diejenigen, die geglückt sind, leben davon, dass hinter ihnen Dutzende, ja Hunderte stehen, die über das Versuchs-Stadium nicht hinauskamen, weil sie an den begrenzten Reimmöglichkeiten der deutschen Sprache scheiterten.

Auf der anderen Seite ist gerade diese besondere Limitierung der deutschen Sprache ein produktiver Impuls sie immer wieder zu wagen. Denn so reimschwach die deutsche Sprache – im Verhältnis zu romanischen Sprachen – auch ist, sie hat ihnen gegenüber auch Vorteile, die solch virtuose Vorhaben immer einmal wieder glücken lassen. Dies meint zum einen die außerordentliche Beweglichkeit in der Satzstellung, die es erlaubt, die einzelnen Reimworte an unterschiedliche Positionen im sonettischen Ordnungsgefüge so lange auszuprobieren, bis sie ihre optimale Position gefunden haben. Zum anderen ist es der Reichtum an zusammengesetzten Wörtern wie etwa Eiderente oder Kaltmamsell, die Andockmöglichkeiten für überraschende Reimerlebnisse auf engstem Raum bieten, welche die traditionelle Lyrik gar nicht leisten kann, da ihre Reime in ihren Nachhallqualitäten einfach zu weit auseinanderliegen.

Dankbares Wortmaterial sind auch Eigennamen. Treten sie als Akteure auf, bieten sie zudem den Vorteil, dass die Artikel wegfallen können. Kaum weniger wichtig als Verdichtungsinstrumente sind die Satzzeichen. Im Nano-Sonett ist nicht nur jedes einzelne Wort, sondern jede Silbe und jede Flexionsendung so gewichtig, dass schon die kleinste Veränderung die gesamte Sinnkonstruktion zum Einsturz bringt – im Gegensatz zum hergebrachten Sonett, in welchem es von relativ untergeordneter Bedeutung bleibt, ob nun dieses oder jenes Reimwort den Vers (und damit auch meist die Sinnfigur) schließt. Das Salz in der Suppe des Nano-Sonetts sind kleine Übertretungen und Ungenauigkeiten wie etwa „Schweizer – Greyerzer", die komische Effekte generieren.

Doch mit den Reimereien allein ist es nicht getan. Bildlich gesprochen sind sie allenfalls die Haut des Gedichts, während das Gerippe darunter einer geordneten Gedankenbewegung folgt. Schließlich ist das Sonett ja das methodisch vorgehende, ergebnisorientierte Gedicht schlechthin, das mithilfe bewusst eingesetzter Ablauffiguren zum Kulminationspunkt drängt, idealtypisch etwa im dialektischen Bewegungsmodell von These (1. Quartett) Antithese (2. Quartett) und Synthese (Terzette). Wie die Erfüllung dieser Forderung in einem Nano-Sonett umgesetzt werden kann, zeigt folgendes Stück. Da prallen in einer (natürlich fiktionalen) Szene, die Goethes heimliche Liebesbeziehung karikierend darstellt, zwei Weltanschauungen aufeinander.

Häusliche Szene

Goethe
(wild)
brüllt:
„Knete"!

Grete
(mild)
stillt:
„Bete!"

Johann
(klein):
„Amen!"

So kann
Samen
sein.

Goethes sehr diesseitigen Wunsch nach „Knete!" kontert Grete mit der demütig-christlichen Empfehlung „Bete!". Das Kind Johann, obwohl noch an der Brust, hat die widerstreitenden Weltanschauungen seiner Eltern bereits haarscharf erfasst und ist sogar schon in der Lage – Sohn eines solchen Vaters! – mit „Amen!" zu antworten, nimmt somit Partei für die Mutter. Der typische als Pointe realisierte Sonett-Abschluss „So kann Samen sein" stellt nur lakonisch fest, dass der Charakter des Nachwuchses unkalkulierbar ist (wie im realen Leben Goethes dessen Sohn August).

Das Beispiel zeigt, wie sehr „das System" beim Nano-Sonett immer mitdichtet. Für den Autor bedeutet solch ein „Dichten auf einer Nadelspitze" ein tastendes Ausloten von Möglichkeiten. Die gewählten Lösungen können jedoch urplötzlich den poetischen Funken freisetzen, wenn, was das Reimmaterial anbietet, von seiner Semantik her zwar sehr weit auseinander zu liegen scheint, dass sich ganze Welten dazwischen auftun, sich aber dennoch unvermutet überraschende Sinnbrücken einstellen. Insofern reißen Nano-Sonette nur an, wo traditionelle Sonette bis zum Ende ausführen. Sie bleiben eine ständige Einladung an die Leserschaft, die Fantasie zu trainieren und / oder Ausgespartes zu ergänzen.

Dirk Schindelbeck,
August 2024

Dirk Schindelbeck (Text)

Dr. phil., * 1952, Kulturwissenschaftler, Wissenschaftspublizist, Essayist und Lyriker. Zahlreiche Veröffentlichungen zur Literatur-, Alltags- und Werbegeschichte u.a. Marken, Moden und Kampagnen. Illustrierte deutsche Konsumgeschichte (2003); „Das wirst du nicht los, das verfolgt Dich ein Leben lang". Die Geschichte des Waisenhauses in Freiburg-Günterstal (2014); Notgeld. Zu schön, es auszugeben (2021); Tropfenfänger und kreisende Kolben. Deutsche Marken-Sonette 2.0.15 (2015).

Bernhold Baumgartner (Illustration)

*1953, Diplom-Heilpädagoge, Fort- und Weiterbildung in Kunst- und Gestalttherapie. Initiator von und Teilnehmer an verschiedenen Kunstprojekten, Einzel- und Gruppenausstellungen.

 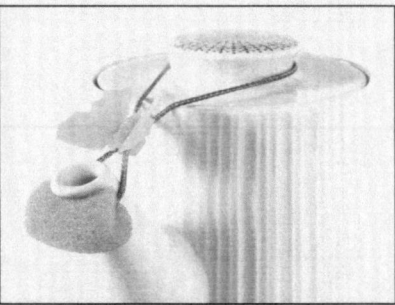

DAS SONETT IN DER EDITION SIGNAThUR

Shakespeare, William: (56) Sonette mit deutscher Übersetzung und Anmerkungen zum englischen Text. Deutsch von Ludwig Bernays. Broschur, 78 S.
Dozwil 2002, ISBN 978-3-908141-19-8.

Gutsch, Jürgen (Hrsg.)**: „... lesen, wie krass schön du bist konkret"** William Shakespeare, Sonett 18, vermittelt durch deutsche Übersetzer, 223 Versionen, München. 240 S., zweite, stark vermehrte Auflage.
Dozwil 2017, ISBN 978-3-906273-15-0.

Barton, Alfred Thomas (Oxford 1840–1912): Gvlielmi Shakespeare Carmina quæ Sonnets nuncupantur Latine Reddita. Ovidian elegies after William Shakespeare's Sonnets (Oxford 1913). Newly edited by Ludwig Bernays. With an essay by Markus Marti. Br. 237 S.
Dozwil 2006, ISBN 978-3-908141-43-3.

Pfister, Manfred und Gutsch, Jürgen: William Shakespeare's Sonnets for the First Time Globally Reprinted – a Quatercentenary Anthology 1609–2009, in English language, in two volumes; with a DVD containing the complete text of both volumes, the recitation of the sonnets in more than 80 languages and a collection of the medial transpositions (settings to music, illustrations, theatre performances, scenes from feature films where the sonnets play a role, and a choice from relevant Internet sites),
Dozwil 2009/2014, ISBN 978-3-908141-54-9/978-3-908141-96-9.

Gutsch, Jürgen (Hrsg.)**: William Shakespeare – Friedrich Gundolf: 49 Sonetten-Fragmente** von 1899 mit dem Vergleichstext von Stefan George (1909), dem Originaltext W. Shakespeares (1609) in der Ausgabe von Edward Dowden (1881). 127 S.
Dozwil 2011, ISBN: 978-3-908-141-80-8.

Louise Labé: „… so viele Fackeln mir, die ich schon brenne". Die 24 Sonette der Louise Labé in der Neuübersetzung von Ingeborg Vetter. Zweisprachige Ausgabe. Br. mit Klappen. 46 S.
Dozwil 2012, ISBN: 978 3-908141-72-3.

Elizabeth Barrett Browning: Sonette aus dem Portugiesischen – Sonnets from the Portuguese. Deutsch von Ingeborg Vetter, Einführung von Ina Schabert. Zweisprachige Ausgabe. Br., 69 S.
Dozwil 2012, ISBN 978-3-908141-86-0.

Greber, Erika und Zemanek, Evi (Hrsg): Sonett-Künste – Mediale Transformationen einer klassischen Gattung. Mit Abbildungen. Hardcover. 568 S. – Darin von Pfister Manfred und Gutsch Jürgen: Aussenansichten auf Shakespeares Sonette. Der Buch-Einband als Kleid, Rahmen, Schwelle und Filter.
Dozwil 2012, ISBN 978-3-908141-71-6.

Shakespeare, William: Sonnets – Sonetti. Ins Italienische übertragen und mit einem Vorwort von Giuliana Lucchini. Zweisprachige Ausgabe. 174 S.
Dozwil 2012, ISBN 978-3-908141-85.

Shakespeare, William: Sonnets – Sonette – Sonetti englisch, deutsch und wallissertitsch. 328 S. Übersetzt von Markus Marti. Mit CD (alle Sonette wallisserdeutsch gesprochen), 328 S. 3. Aufl.
Dozwil 2013, ISBN 978-3-908141-64-8.

Drayton, Michael: Ideas Spiegel. Amores in Vierzehnzeilern aus dem elisabethanischen Englisch von Günter Plessow. Sonettseptette – Studien zu Hermeneutik und Struktur elisabethanischer Sonettsequenzen. Zweisprachig. Erste deutsche Ausgabe. 200 S.,
Dozwil 2014, ISBN 9783-908141-91-4.

William Shakespeare: Forty-two sonnets – Zweiundvierzig Sonetts. Übertragen von Erna Grautoff (Berlin 1940), herausgegeben und eingeleitet von Jürgen Gutsch. Br. mit Klappen. Zweisprachige Ausgabe. 64 S.
Dozwil 2016, ISBN 978-3-906273-10-5.

John Keats: Balladen · Oden · Sonette · Lamia Zweisprachige Ausgabe. 111 S. Deutsch von Günter Plessow.
Dozwil 2017, ISBN 978-3-906273-22-8.

Percy Bysshe Shelley: Oden · Sonette · Stanzen - The Masque of Anarchy. – Erstmals wieder ins Deutsche übertragen nach 1844 von Günter Plessow. Zweisprachige Ausgabe. 114 S.
Dozwil 2018, ISBN 978-3-906273-24-2.

EDNA ST. VINCENT MILLAY. Sämtliche Sonette, übersetzt von Günter Plessow. Zweisprachige Ausgabe. 390 S.
Dozwil 2018, ISBN 978-3-906273-27-3.

Eugen Gomringers Sonette

eines sommers sonette · a summer's sonnets. 52 S.
Dozwil 2008, ISBN 978-3-908141-57-0. 1. und 2. Auflage.

der sonette gezeiten · the sonnets' tides. 64 S.
Dozwil 2009, ISBN 978-3-908141-65-5.

künstlersonette · sonnets about artists. 77 S.
Dozwil 2011, ISBN 978-3-908141-81-5.

der begegnungen sonette · encounter sonnets. 63 S.
Dozwil 2013, ISBN 978-3-908141-89-1.

welt im sonett. sämtliche sonette 2008-2019. 183 S.
Dozwil 2020, ISBN 978-3-906273-36-5.

Dirk Schindelbeck
Nano-Sonett. verrückt – gedrückt. knapp und keck 120 S.
Dozwil 2024, ISBN 978-3-906273-73-0.